Inhalt

Argentinien - Die Dynastie der Kirchners

Kernthesen

Beitrag

Fallbeispiele

Weiterführende Literatur

Impressum

Argentinien - Die Dynastie der Kirchners

W.Sydow

Kernthesen

- Christina Fernández de Kirchner ist neue Präsidentin von Argentinien und löst damit ihren Ehemann Néstor Kirchner ab. Die bisherige Senatorin erreichte bei der Wahl am 28.10.2007 43,5 Prozent der Stimmen.
- Die neue Präsidentin will die Politik ihres Gatten fortsetzen. Néstor Kirchner führte nämlich Argentinien aus der größten Wirtschaftskrise des Landes heraus: Das Bruttoinlandsprodukt wuchs um rund neun Prozent jährlich.
- Christina Fernández de Kirchner steht allerdings vor keiner leichten Aufgabe: Die Staatsfinanzen sind schwach, die

Energieengpässe wachsen und die Inflation steigt.

Beitrag

Mit der Wahl Christina Fernández de Kirchner zur neuen Präsidentin von Argentinien etabliert sich die Dynastie der Kirchners immer stärker. Ihre Politik rettete Argentinien einerseits aus der größten Wirtschaftskrise, andererseits isoliert sie das Land vom Weltmarkt stetig.

Die Dynastie der Kirchners

Christina Fernández de Kirchner ist am 28.10.2007 zur neuen Präsidentin Argentiniens gewählt worden und tritt damit in die Fußstapfen ihres Mannes. Die Gattin des gegenwärtigen Präsidenten Néstor Kirchner wird ab Dezember als erste Frau die Geschicke ihres Landes leiten. Argentinien ist damit fest in der Hand der Kirchners. Christina Fernández de Kirchner, die bereits während der Amtszeit ihres Mannes als Senatorin politisch tätig war, will dessen Wirtschaftspolitik fortsetzen. Die Eheleute ziehen also gemeinsam am gleichen Strang - nur den Amtstitel spielen sie sich untereinander zu. Néstor Kirchner hatte es immerhin geschafft, Argentinien aus seiner größten Wirtschaftskrise herauszuführen. Seit 2003 ist Argentiniens Wirtschaft kumuliert um rund 50 Prozent gewachsen. Die von Kirchner angewandten Methoden werden allerdings von externen Beobachtern wie etwa dem Internationalen Währungsfonds kritisch eingeschätzt. Welche Reformen Kirchner durchgesetzt hat und welche Gefahren Argentinien durch seine Wirtschaftspolitik drohen könnten, wird in der Folge aufgezeigt. (1), (8), (9), (10)

Die Wahl Christina Fernández de Kirchner, der Reina

24 Jahre nach Ende der Militärdiktatur in Argentinien sind die politischen Parteien, wie der Präsidentschaftswahlkampf gezeigt hat, in die Bedeutungslosigkeit abgedriftet. Die beiden wichtigsten Parteien, die Peronisten und die Radikalen, haben sich mehrfach gespalten und deswegen verschiedene Kandidaten vorgeschlagen. So sind anstelle der Parteien Wahlallianzen aufgetreten, die - ohne über einen programmatischen Inhalt allzuviel zu kommunizieren, nur ihren Kandidaten an die Macht bringen wollten. Die Kandidatur der Präsidentengattin, die in einer Biografie als La Reina, die Königin, bezeichnet

worden ist, lief ebenso ohne die Entscheidung eines Parteigremiums ab. Christina Fernández de Kirchner reichte als Wahlprogramm dasjenige ihres Mannes ein und stützt sich auch in ihrem Wahlkampf voll und ganz auf dessen Erfolge. Zudem finanzierte sie diesen angeblich auch aus staatlichen Ressourcen des Präsidentenamtes ihres Gatten. So erreichte die 54-jährige Anwältin und bislang Senatorin 43,5 Prozent der Stimmen. Der Hauptgrund für den deutlichen Sieg der Reina liegt sicherlich in der außerordentlich guten Wirtschaftsentwicklung des Landes unter Néstor Kirchner. Warum sich dieser nicht zur Wiederwahl zur Verfügung gestellt hat, ist nicht bekannt - Beobachter spekulieren mit gesundheitlichen Problemen. Auf dem zweiten Platz hinter Kirchner landete Elisa Carrió mit 23 Prozent der Stimmen. Auch bei den gleichzeitigen Wahlen zum Senat, bei denen ein Drittel der Senatoren neu gewählt worden ist, konnten sich größtenteils Anhänger Kirchners behaupten. Dasselbe gilt für das Ergebnis der Wahlen im Abgeordnetenhaus: Die Hälfte der Abgeordneten stellte sich zur Wahl und Kirchner-Gefolgsleute konnten sich größtenteils durchsetzen. So gewann etwa in der Provinz Buenos Aires Daniel Scioli, der Vize-Präsident von Néstor Kirchner; diese Provinz stellt allein 38 Prozent von Argentiniens Wählerschaft. (1), (8), (9), (10)

Die Wirtschaftspolitik der Kirchners

Néstor Kirchner kam an die Macht als Argentiniens Wirtschaft komplett zusammengebrochen war: Zwischen 1999 und 2002 schrumpfte die Wirtschaft um 20 Prozent, das Land war mit 100 Milliarden Dollar hoch verschuldet und zahlungsunfähig. Der Präsident griff zu einem ungewöhnlichen Mittel, um aus der Schuldenfalle zu kommen: Jahrelang bezahlte er die Gläubiger gar nicht aus, dann macht er ihnen ein unerhörtes Angebot: Wer auf 70 Prozent seiner Forderungen verzichtete, erhielt neue Bonds. Rund zwei Drittel ließen sich auf das Geschäft ein der Rest ging bis heute leer aus. Um wieder Geld in die Kassen zu bekommen, vollzog Kirchner einige fiskalpolitischen Änderungen: Die Haushaltausgaben wurden zusammengestrichen und er führte Exportsteuern auf die immer stärker wachsenden Agrarexporte ein. Insbesondere der Rohstoffhunger Chinas unterstützte das Wachstum der Exporte. Dieser Schritt verhalf ihm größtenteils zu seinem Erfolg: Seit vier Jahren wächst Argentiniens Wirtschaft jährlich um rund neun Prozent. Die Deviseneinnahmen steigen kontinuierlich an. Kirchner zahlte den Kredit beim Internationalen Währungsfonds ab, den er wie viele seiner südamerikanischen Mitstreiter verachtet. Um die

Armut des argentinischen Volks zu bekämpfen, kurbelte er die Inlandsnachfrage mit einer sehr umstrittenen Methode an. Er wertete die argentinische Währung, den Peso, gegenüber dem Dollar kräftig ab und belebte damit wieder die Industrie. Inländische Produkte, Löhne und Dienstleistungen wurden plötzlich sehr billig, Importe hingegen sehr teuer. Um keine sozialen Ungerechtigkeiten aufkommen zu lassen, fror Kirchner allerdings die Preise für die meisten öffentlichen Güter und Dienstleitungen, wie Gas, Telefon, Benzin oder Wasser ein. Durch die niedrigen Löhne konnte die Arbeitslosigkeit bekämpft werden: Die Arbeitslosenrate ist von 23 Prozent auf 8,5 Prozent gesunken und hat damit den niedrigsten Stand seit 14 Jahren erreicht. Ausländische Konzerne fassten durch die positive Entwicklung der argentinischen Wirtschaft wieder Vertrauen in das Land und investierten. (1), (2), (3), (7)

Kritik an der Politik der Kirchners

Nicht wenige Ökonomen kritisieren die Wirtschaftspolitik in Argentinien. Christina Fernández de Kirchner wird drei große Probleme erben: schwache Staatsfinanzen, wachsende Energieengpässe und eine steigende Inflation. Die starke Abwertung der Währung belebt die inländische Industrie künstlich. Die produzierte Ware ist allerdings nicht international konkurrenzfähig. Die Industrie würde bei einem stärkeren Peso wahrscheinlich zusammenbrechen. Der Dollarkurs wird mit Devisenkäufen mühsam tief gehalten. Das argentinische Statistikamt Indec gibt für 2007 lediglich eine Inflationsrate von sieben bis elf Prozent an private Umfragen ergeben allerdings mindestens das Doppelte. Kritiker bemängeln, dass Kirchner das Statistikamt zu seinen Gunsten manipulieren würde. Die Inflation hält sich also im Land. Es kam sogar schon zum Tomatenboykott, da der Preis des Gemüses besonders anstieg. Trotzdem heizt die Regierung die Nachfrage weiter an: Die Staatsausgaben sind im Vergleich zum Vorjahr um 60 Prozent gestiegen - die Kapazitäten vieler Wirtschaftszweige sind allerdings bereits erschöpft. Die Ärmsten des Landes hatten weder in den vier vergangenen fetten Jahren ihren Teil vom Kuchen abbekommen noch stehen die Aussichten für die nächsten Jahre gut. Die Slums wachsen stetig und zudem auch die Kriminalität. Kirchner hat zuwenig in Bildung, Krankenhäuser und die Stromversorgung investiert. Gas und Benzin mussten etwa in dem gerade vergangenen, langen und kalten Winter rationiert werden. Néstor Kirchner hat sein Land also nicht nur aus der Krise geführt, sondern gleichzeitig auch in die Isolation auf dem Weltmarkt. (1), (4), (6)

Fallbeispiele

Deutsche Unternehmen investieren in den Standort Argentinien. Insbesondere Volkswagen will in dem lateinamerikanischen Land aktiv werden. Investitionen in Höhe von rund 100 Millionen Dollar will der deutsche Autobauer tätigen. Auch Siemens kommt auf die Spur: Kürzlich hat der Münchner Konzern zwei Thermokraftwerke geliefert. (1)

Die Regierung bittet die Bauern Argentiniens stark zur Kasse: Auf Soja-, Mais- und Weizenexporte muss die Agrarindustrie enorme Steuern zahlen. Der Steuersatz liegt beispielsweise im Falle von Sojaexporten bei 27 Prozent für jeden eingenommen Dollar. (1)

Weiterführende Literatur

(1) Das System K.
aus WirtschaftsWoche NR. 042 VOM 15.10.2007 SEITE 054

(2) Tango mit der Hochfinanz

aus Süddeutsche Zeitung, 27.10.2007, Ausgabe Deutschland, Bayern, München, S. 26

(3) Wahl im Rausch des Wachstums
aus Frankfurter Allgemeine Zeitung, 27.10.2007, Nr. 250, S. 12

(4) Das System Kirchner
aus Handelsblatt Nr. 207 vom 26.10.07 Seite 12

(5) Sorgen an der Börse Buenos Aires
aus Frankfurter Allgemeine Zeitung, 26.10.2007, Nr. 249, S. 22

(6) Argentinien fest im Griff der Kirchners
aus Neue Zürcher Zeitung 30.10.2007, Nr. 252, S. 1

(7) Argentinien als Familienunternehmen
aus Neue Zürcher Zeitung 30.10.2007, Nr. 252, S. 3

(8) Neue Präsidentin setzt auf Kontinuität
aus Handelsblatt Nr. 209 vom 30.10.07 Seite 3

(9) Zweisam am Rio de la Plata Cristina Kirchner folgt ihrem Mann Néstor im Präsidentenamt. Zusammen bauen sie an einer Politdynastie nach dem Vorbild der Bushs und Clintons
aus DIE WELT, 30.10.2007, Nr. 253, S. 3

(10) Die Casa Rosada als Erbhof der Kirchners
aus Frankfurter Allgemeine Zeitung, 24.10.2007, Nr. 247, S. 3

Impressum

Argentinien - Die Dynastie der Kirchners

Bibliografische Information der deutschen Nationalbibliothek

Die Deutsche Nationalbibliothek verzeichnet diese Publikation in der deutschen Nationalbibliografie; detaillierte bibliografische Daten sind im Internet über http://dnb.d-nb.de abrufbar.

ISBN: 978-3-7379-1634-9

© 2015 GBI-Genios Deutsche Wirtschaftsdatenbank GmbH, Freischützstraße 96, 81927 München, www.genios.de

Alle Rechte vorbehalten. Dieses Werk ist einschließlich aller seiner Teile – z.B. Texte, Tabellen und Grafiken - urheberrechtlich geschützt. Jede Verwertung außerhalb der Grenzen des Urheberrechtsgesetzes bedarf der vorherigen Zustimmung des Verlags. Dies gilt insbesondere auch für auszugsweise Nachdrucke, fotomechanische Vervielfältigungen (Fotokopie/Mikroskopie), Übersetzungen, Auswertungen durch Datenbanken oder ähnliche Einrichtungen und die Einspeicherung und Verarbeitung in elektronischen Systemen.